타로 카드를 그리는 밤

타로 카드를 그리는 밤

이 운 진

소월책방

시인의 말

아홉 번의
눈 오는 아침, 늦은 모과 꽃과 석양 속의 단풍,
그리고 북십자성.
이 긴 시간의 끝에서
나는
오래 닫아 두었던 방의 창문을 열고
바람을 기다린다.

2015년 8월

개정판을 내며

작은 책방 문을 열고 내 손으로 다시 시집을 내놓는다.
슬픔의 힘을 믿는 이들에게 이 시집이 닿기를 바란다.

2023년 8월

차례

시인의 말
개정판을 내며

제 1부

슬픈 환생 12
뒤의 초상 14
모과 두 알 16
나의 탄생 18
새장과 알 20
분홍바늘꽃의 방식 22
타로 카드를 그리는 밤 24
해빙기 26
왜 왔니? 27
북극 여행자 28
내 치마에 대한 진실 30
찬란한 찰나 32
낭패한 도둑질 34
비둘기 애인 36

제 2부

취미　41
빈방 있나요　42
바오밥 술집　44
동해로부터　46
그녀들의 아크로바트　48
아름다운 복수　49
'척'　50
윤초(閏秒)　52
눈물의 용도　54
얼굴의 팬터마임　56
조용한 이사　58
늙은 개와의 산책　60
스물둘　62
개종(改宗)　64

제3부

블루홀　67
착각　68
아주 사적인 나비 이야기　69
백일홍처럼 오래오래　70
나로호와 나 홀로　72
수덕여관　74
극야(極夜)의 댄서　75
지구에서의 약속　76
수국이 필 무렵　78

옆에 산다는 것 80
조약돌 82
햇살이 이럴 땐 84
세월 86

제 4부

빈 항아리 89
꽃을 기다리며 90
구름과 여자 92
바꿀 수 없는 버릇 94
빙어를 먹으며 95
유리 감옥 96
모두 옛말 97
그 뽕나무 98
발바닥은 어떤가요? 100
욕을 먹다 102
봄날의 후회 104
나뭇잎 한 장 105
바느질하는 여자 106
별의 부유을 받다 107

해설

이성혁-'시시포스의 바위'를 굴리는 '북극 여행자' 110

제 1부

슬픈 환생

몽골에서는 기르던 개가 죽으면 꼬리를 자르고 묻어 준단다
다음 생에서는 사람으로 태어나라고,

사람으로 태어난 나는 궁금하다
내 꼬리를 잘라 준 주인은 어떤 기도와 함께 나를 묻었을까
가만히 꼬리뼈를 만져 본다
나는 꼬리를 잃고 사람의 무엇을 얻었나
거짓말할 때의 표정 같은 거
개보다 훨씬 길게 슬픔과 싸워야 할 시간 같은 거
개였을 때 나는 이것을 원했을까
사람이 된 나는 궁금하다
지평선 아래로 지는 붉은 태양과
그 자리에 떠오르는 은하수
양 떼를 몰고 초원을 달리던 바람의 속도를 잊고
또 고비사막의 밤을 잊고
그 밤보다 더 외로운 인생을 정말 바랐을까
꼬리가 있던 흔적을 더듬으며

모래언덕에 뒹굴고 있을 나의 꼬리를 생각한다
꼬리를 자른 주인의 슬픈 축복으로
나는 적어도 허무를 얻었으나
내 개의 꼬리는 어떡할까 생각한다

뒤의 초상

나뭇잎 뒤에 붙은 애벌레처럼
등 뒤에 숨어서 떠는 아이처럼
방패 뒤의 날들을 살다 보면

나 말고는 다 보는 나의 뒷모습이 궁금할 때가 있다

뒤돌아 삼킨 말이 적혀 있거나
당신 앞에서 먼저 등 돌린 눈물이 매달려 있거나
고백 뒤의 후회가
능화지의 꽃잎처럼 그대로 박혀 있는 건 아닌지 알고 싶은 날

말 안 해도 알 수 있다던 사람들은 다 내 뒤를 읽은 것임을 이제야 알아 버린다

조용히 그림자 뒤를 밟고 따라오던 그 소년도
벽 뒤에 숨긴 과자를 찾아내던 동생도
웃고 있는데도 울지 말라고 등을 두드리던 할머니도
빛보다 환한 눈으로 뒤의 안쪽을 본 거로구나

몸에 맞지 않게 자꾸 작아지는 등이 얼굴보다 더 고독
해지고 나면
 내 뒤의 나는

 뒤에서 껴안을 수 없는 강물처럼
 뒤집어 낄 수 없는 반지처럼

모과 두 알

겨울을 위해 책장 위에 올려 둔 모과 두 알이 썩고 있다
하나는 살이 부풀어 오르며 진물이 흐르고
하나는 속을 말리며 쪼그라든다

하나는 우는 여자 같고
하나는 참는 여자 같다

짐짓 모른 척해 주려고 모과를 책장의 더 높은 곳으로 옮겨 놓고
어둠의 요람에서 자랐을 것들을 생각한다

씨앗과 달큼한 과즙, 풀과 별들의 냄새 같은 것이
다시 모과의 시간 바깥으로 돌아가고 있을까
바람도 매일의 상처였던 날들을 잊고 있을까

그 사이
우는 여자는 어제보다 더 무너져 울고 있고
참는 여자는 어제보다 더 가벼워져 있다

하나는 슬프게 행복을 애원하는 것 같고
하나는 슬픈 눈으로 행복을 말하는 것 같아서

모과 곁에서
모과를 조금 떼어 놓는다

눈물보다 어리석은 여자가 내겐 더 옳았으므로
정말 잊어진 것은 끝내 잊어져야 하므로

나는 참고 있는 모과 쪽으로 자꾸 햇살을 모아 준다

나의 탄생

처음에 나는 먼지였고
먼지였을 때
나를 부풀린 건
엄마의 사랑이었을까요
피가 덥고 뼈가 단단한 사내의 청춘이었을까요

어떤 운명도 결정되지 않았을 그때
결코 고요하지 않던 물의 방에서
여자가 되기를 기다리는 동안 나는 행복해했나요
태어나자마자 버려진 웃음소리는 맑았던가요
왜 나는 슬픔으로만 키가 크고 살이 찌나요

아마도 나는
그녀 속에 있던 남성이었고
그의 속에 있던 여성이었나 봐요
불온과 야생의 유전자를 준
당신들의 하룻밤 혼돈이 멈춰지질 않네요

이제라도 나는 신을 찾을까 봐요

아름다움과 슬픔이 심장에서 나누어지지 않은
불안 없는 영혼으로 돌아가고 싶어요

당신의 자궁이 아니라면 어디서든
천 일 동안 마늘을 먹을래요
그러면 나는 다시 무엇이 될까요

새장과 알
- 나의 탄생 2

엄마는 새장 안에 알을 낳았다
탯줄이 없는 작고 하얀 알이었다
장미 넝쿨과 아픈 개 한 마리가 알을 지켰다

하루 이틀 닷새 열흘
알은 온 힘을 다하여 아무도 아닌 것이 되려고 애를 썼다

껍질 속의 실루엣으로 남고 싶었다

껍질 밖엔 새장이 있고 새장 밖에는 하늘이 있지만
하늘은 낮도 되고 어둠도 되고 태양도 되고 비도 되는 것

얇은 껍질 한 겹은 이 세상에서 드물게 튼튼한 벽과 같았다

그러나 별자리가 뒤섞이는 밤
젖이 돌지 않는 엄마가 알을 깨뜨렸다

오로지 너무 길고 너무 짧은 날들
나는 알 속에서 무럭무럭 늙었다

분홍바늘꽃의 방식

숲과 나무가 불탄 자리에
제일 먼저 나타난다는
분홍바늘꽃

그 분홍바늘꽃이 생겨난 방식을 생각하며
내게 불을 밀어 넣는다

못된 흙덩이로 빚어진 나를
활활 태워서
까만 얼굴
까만 심장
잿더미가 되도록
불을 때 준다

그러면 내게도
분홍바늘꽃 새싹이 돋고
분홍바늘꽃을 따라 나비들 오고
꽃분홍 분홍 분홍 번져서 붉은 물결이 되는 날들이 올까

벌레와 사과의 눈부신 계절이 될까

모든 것이 다 잊히고 모든 것이 다 다시 만들어지는
분홍바늘꽃의 방식대로

내가 불탄 자리에
네 기억의 잎사귀들 제일 먼저 돋아나기를

타로 카드를 그리는 밤

타로 카드 한 장을 뒤집었을 때
무표정한 점술사는 내게
슬픔의 바위를 밀어 올리는 시시포스와 같다고
영원히 나의 바위를 향해서 돌아가야 한다고 했다

아름다운 계절이
동쪽에서 왔다가 서쪽으로 가고
새들이 남쪽과 북쪽으로 집을 옮겨 다녀도
바위는 나의 운명보다 강할 거라고,

그때 나는
별조차 아무런 이유 없이 떨어지는 곳
내가 불시착한 이생에서
슬픔의 대문자로 이름을 썼다

슬픔은 마음에서만큼이나 가슴에서
몸에서만큼이나 삶에서
나를 베는 연장이 되어

구르는 바위와 나 사이
무엇을 세워도 슬픔을 이기는 튼튼한 벽이 되지 않았다

웃고 그리워하고 싶은 보잘 것 없는 저녁과
내가 그렇게까지 사랑하고 있는 줄 몰랐던 하루를
내게서 영원히 가져간 건 누구인지

내가 가고 싶지 않은 곳에서 나를 기다리는 바위에게로
돌아가고 돌아가고 또 돌아가게 하는 건 무엇인지

눈물 하나하나가 바위처럼 굴러떨어지는 밤

신의 유머 같은 내 운명의 타로 카드에
나는 슬픔을 섞지 않은 빛깔로 몇 번이고 덧칠을 했다

해빙기

 해피트리 벤자민 일본철쭉 산세베리아 꽃나무들이 차례차례 내 집에서 말라 버렸어 블랙테트라 제브라다이오 수마트라 열대어를 한 마리씩 내 손으로 묻어 주었지 그런 서른, 참 함정 같은 나이, 사랑의 숙취에 먹는 약은 없고 사랑도 내 안에서 죽어 나가고 나는 심장이 얼음으로 채워진 여자였을까…… 달과 바람이 가득한 밤 내가 가서 살거나 죽어도 좋겠다 싶은 곳은 늘 너였는데……

 네가 없어도 발아래 풀잎 구겨지는 소리가 들리고 금방 태어나 날기 시작한 나비를 알아보고 녹우綠雨 내리고 긴 독백도 끝나면 그립게 나를 맞아 주는 밤이 왔어 그런 밤, 사랑이란 말, 보이지 않는 오른쪽 심장이 하는 일이라고 본래 아주 슬픈 말이었다고 그러니 다음 봄이 와도 깨지 않을 구근처럼 묻어 두라고 했어 그래 내 슬픔에 유행하는 옷을 입히고 누군가의 축제가 되는 시절이 지난 거야 나는 이제 늙으려 하고 있는데…… 햇빛 속 고무나무 돈나무 재스민 치자 꽃기린에게 물동이를 져 나르고 있어 이상하다 심장의 얼음이 녹고 있었네

왜 왔니?
-운명에게

우리 집에 왜 왔니, 왜 왔니, 왜 왔니
네가 찾는 예쁜 꽃은 여기 없단다

서랍과 일기장을 뒤져도 소용없는 일
나도 모르고 비밀도 모르는 비밀처럼 사라졌단다

반들거리는 에나멜 구두를 신고 꽃광주리를 이고
시장에 봄을 팔러 가고 싶어 했던 소녀
안데스의 인디오를 닮았던
어린 소녀는 이제 보이지 않아

작은 손이 뜨개바늘로 엮어 뜨던 꿈들과
소나기가 지나간 시냇물처럼 퐁당거리던 웃음들
네가 다 가져가 놓고
내게 없는 나를 어디서 찾는 거니

달의 뒷계단으로 오르는
은하수 위 작은 오두막
나의 집까지
너는 오늘도 왜 왔니, 왜 왔니, 왜 왔니

북극 여행자

늘 그래 왔듯이
몇 개의 강과 몇 개의 구름으로는 나를 달랠 수가 없었어

한 계절 한 계절씩
다른 옷을 갈아입는 일로는 나를 바꿀 수 없었어

눈을 감으면 멀리서
작은 짐승이 혼자 눈을 밟고 가는 소리

보름달이 뜨면
길 잃은 늑대의 휘파람 소리
사람의 말을 배우지 않은 북쪽 숲의 바람 소리가 나를 불러서

새들의 하늘 지도를 빌려
열흘 낮 열흘 밤
이미 그곳에 있는 나에게로 갔어

나는 혼자일 때 가장 덜 외로웠으니
나는 사랑이라는 발음이 아주 서툴렀으니

광활한 얼음 벌판에서
풋사과 빛 오로라처럼 너울거리고 싶었어

별에서 슬픔이 날아와 내게 안길 때
무엇에서 시작되든 슬픔으로 끝나는 나의 시를
다시는 고치러 돌아가지 않기로 했어

내가 반성할 것이라고는 슬픔뿐이고
그 슬픔마저 없으면 나는 정말 혼자가 될 테니까

그리고 기억이 나를 조금씩 속여 줄 거야

내 치마에 대한 진실

내 치마가 여기 있네
손이 부드러운 여신이 운명의 물레를 돌려 짠 치마
슬픔으로 만들어진 그 치마를 입으면
꽃과 짐승 사이의 목숨들이 다
치마 아래로부터 나왔다네
낯선 숨소리에도 올이 풀리던 삶에서
치마는 울음이라는 폭설을 막아 주는
내 생의 천막이니
폭설의 눈도 녹으면
물방울의 약한 근육일 뿐이라는 것을
치마를 입고 어린것들을 껴안으면 다 보이네
치마에 수놓인 꿈 대신
치마를 바라보는 눈은 의심이거나 흑심인 것도
시간으로 안감을 누벼 박은
치마가 낡아 가면 아네
그러니 모든 장소 모든 자세로
꽃을 들고 있는 사냥꾼, 에로스여
나 이제 그대에게만은 치마를 걸어 두지 않네
그대는 바람으로 이불을 덮고

치마 밖의 잠을 주무시게
미소에도 칼에도 찢기지 않는 갑옷
내 치마가 나를 차려입네

찬란한 찰나

평생이라는 말, 무거우니
65만 시간이라는 찰나라고 해 볼까
이 시간은 아직 바위가 둥글어지기 전
새로 태어난 별이 소년이 되기 전이니
한 덩이 근육의 심장이 지탱할 만한 시간

이 세상 첫 남자의 피가 종족을 세웠던 그날부터 지금까지
꿈꾸는 살덩이의 일생은
한 컷의 사랑,
한 컷의 절망,
한 컷의 자유와 죄와 벌,
그 울음으로 몸이 따뜻한 동안이지만

몇 세기에 걸쳐 자라는 나무 그늘에서
혼례 중인 잠자리를 바라보다가
가슴이 저릿해지는 일
가을의 빗물도 지우지 못하는 저 순간
하늘에 떠 있는

평생이라는 말, 찬란하다고 해 볼까

평생, 그것은 고작 울음의 불꽃놀이라고

낭패한 도둑질

처음엔 표정 하나를 훔쳤다

별의
꽃의
강물의 눈빛을 가져왔다
그들은 새로운 천사같이
너무나 반짝였고 너무나 향기로웠으며 끝없이 친절했다

외로운 눈이 속고
마음이 속았다
진짜보다 진실한 가짜를 사랑했다

그다음엔 말들을 훔쳤다

신전이나 묘비의 오래된 말을 파냈다
그러자
가장 거룩한 단어는 천박해졌고
아름다운 단어는 사소해졌다 *

모래먼지 날리는 말을 버리고
혁명가나 철학자의 서재에 숨어 새로운 말을 또 훔쳐왔다

가장 용감한 단어는 비겁해졌고
지혜로운 단어는 잔인해졌다*

쓰레기가 된 말들이 쌓여 악취가 나기 시작했다
사랑도 늙어서 따분한 것이 되었으나

누구 앞에서도
반성 같은 건 하지 않았다

---

* 비스와바 쉼보르스카의 「단어를 찾아서」에서 차용, 변형하였음.

비둘기 애인

죽은 새를 보았다
죽은 새 곁을 지키는 야윈 새를 보았다
바람과 햇살이 새의 장례를 치르는 동안 내내 바라보았다

다른 어떤 것도 아니고
그 누구의 것도 아닌
새 한 마리의 애인이었던 새 한 마리가
꽃 한 송이 놓지 않고
조용히 작별하는 모습을 지켜 주었다

새의 슬픔이 아무리 커도
계절을 멈추게 할 수는 없고
열매가 떨어진다면
그건 바람 때문이라는 게
이별보다 더 억울했지만

이 세상에서
백 년을 살고 난 사람에게나 있을 법한 순순함으로

죽은 새가 두고 간 것들을 챙기는
새 한 마리를 위해
첫 저녁별이 돋는 때
우주에서는 무슨 일인가 꼭 일어났으면 싶었다

제 2부

취미

나는 침대를 수집해요
어제는 사랑이 없는 침대 하나를 찾았어요
당신이 나를 안고 인형 놀이를 하는 동안
내가 종이 인형처럼 누워 있던 침대였지요
심정쯤이야 안 가진 사람이 없는데도
장미마저 사람만큼 눈빛을 가졌는데도
당신은 내 눈물을 침실로 꾸며 놓았지요
심장이 하나가 아니라 둘이라면
둘이 아니라 셋이거나 다섯이라면
나도 비극을 완성할 용기를 냈을 텐데
내 목소리가 나를 울게 하는 밤
난 당신의 침대를 끌고 집으로 돌아왔어요
커튼을 내리고 문을 잠궜지요
당신이 한 번도 믿지 않았던 사랑이
당신에게 생기는 날
나는 평생 모은 침대를 부수어
아름다운 나의 관을 짤 거예요
당신의 후회와 나의 슬픔에 꼭 맞는
마지막 침대를 만들래요

빈방 있나요

텅 빈 비밀 같은 방
매일 다른 별이 뜨는 창문을 단
작은 방이 있나요

주소도 없고
어떤 후일담도 도착하지 않는 곳
벽에는 못 자국이 없고
구석에는 우는 아이가 없고
문 앞에는 딱 한 켤레의 신발만 있는 곳
잘 손질된 폐허 같은
빈방이 있으면 좋겠어요

한 방울씩 떨어지는 물방울처럼 하루가 가고
젖은 성냥을 그어 대는 밤

내 등뼈의 램프에 불을 붙이고 잠든
당신들의 꿈보다 멀리 가고 싶어요

잠긴 집 안의 정원보다

열린 방 한 칸의 어둠이
따뜻해 보이는 곳
바위를 깎아
그 안에 만든 방이라도 좋아요

부서진 봄 여름 가을 겨울
나와 나 자신과 단 둘이 살
그런 빈방 있나요

바오밥 술집

 천 년이나 살고 난 아프리카 바오밥나무는
 텅 빈 몸 안에 술집을 열었다는데
 나는 술집이라는 말에 그 바오밥나무가 가깝고 아름답다

 인생보다 넓은 가슴을 열어 놓은 나무라면
 거짓의 밤이 많은 나는 그 술집에 가서
 사람에게는 할 수 없는 고해성사라도 할까 보다

 당신을 위해 빌려 온 행복과 빌려 온 아침, 빌려 온 글과 장미를 증인 삼아
 사랑은 나의 수의囚衣였다고 말하면 어떨까

 눈물과 섞인 후에야 아름다워지던 감정들
 그것들에 방패를 들어 주던 싸구려 철학들
 모든 것이 농담이었다고 한다면
 사랑의 불빛이 꺼지고 혼자만의 밤이 찾아올까

 마흔네 살의 여자에게 남은 모든 연민으로

내 뒤통수를 내가 가만히 쓰다듬는 그런 밤

당신의 소중한 것들을 다 팔아서
내 하찮은 휴식의 며칠을 마련할 수 있으면
별빛이 천정화처럼 그려진 그 술집에 가고 싶다

늙은 나무에게 꽃을 물어다 주는 새의 하루처럼
가볍고 무료하게
하루를 잃고 또 하루를 잃으면서
내 안에서 독약이었던 것과 이슬이었던 것도 잃으면서

행방불명이라는 내 소식을 들으면 좋겠다

동해로부터

어째서 나는 아직도 이름의 신도인가
동쪽 끝
더 나아갈 곳 없는 모래밭에 와서
이름을 써 놓고 바라본다

처음으로 내 이름을 불렀던 사람의 입술에서는
작은 모래알처럼 반짝이던 이름
물새 발자국처럼 명랑했던 이름이었을 텐데

감옥의 무게를 가진 이름이
하얀 물거품에 지워진다

이름이 있던 자리에는
물이 두고 간
소금과 구름의 냄새들
이름보다 오래 마음에 머물다 사라지고

다 드러난 잇몸처럼 부끄러워진
내 이름을 조용히 불러 보다가

세상에서 가장 오래된 것 앞에
가장 가벼운 것을 무겁게 내려놓는다

그녀들의 아크로바트

등이 휜 여자가 중년의 여자를 업는다

중년의 여자는 살굿빛 소녀를 어깨에 올리고

어깨에 앉은 살굿빛 소녀는 요람을 안고 흔든다

하얀 구름 한 장의 지붕을 걷어 내면

요람 속에서 등이 휘고 있는 여자, 여자들

수없이 쌓인 그녀들을 밟고

눈을 감은 남자가 허공에 문패를 건다

아름다운 복수

신도 자신의 지옥을 가지고 있다는 말,
사람에 대한 사랑이 바로 그의 지옥이라는 말,

올해의 마지막 벚꽃이 지는 나무 아래서 생각한다
이 봄과 이 나무 사이만큼의 밀어도 없이
꽃잎처럼 훨훨 날려 본
가벼운 웃음도 없이
봄을 보내는 하루
뼈를 겉으로 입은 듯
부끄럽고 아픈 하루를 보내는 봄날
서럽고 사무쳐
꽃잎을 줍다가 생각한다
내년에도 신은 또
봄의 모래시계를 다시 거꾸로 세워 줄 것이다
새 벚꽃은 피고
지고
나는 똑같은 봄을
모래시계 속의 모래처럼 흘러내리겠지만
그다음 해에도 신은 또,

'척'

내가 모르게
별 하나가 태어나고
별 하나가 죽는 동안

마흔 넘은 친구가 결혼 날을 잡았다는 소식 다음에
이십 년쯤 못 본 외삼촌이 돌아가셨다기에
나도 웃다가 운다
사실은 기쁘지도 슬프지도 않았는데
웃는 척 다음에 우는 척,

또 내가 모르게
나무와 바람이
버려진 새들을 거두는 사이

이웃 여자의 슬리퍼 끄는 소리에
길고양이만큼이나 재빨리 달아나 숨어
다른 영혼에 대한 희생 같은 건 모르는데
사람에 대한 크나큰 권태를 생각하는 척,

1분 후에 1초 후에
머리카락 한 올의 외로움에 몸이 묶여
심장을 깎지 못한 나무 인형처럼 피가 굳어지면
그때는 무릎을 꿇고
손은 기도하는 척,

가벼운 죄로 무거운 죄를 영영 덮어 버리며
가슴은 미움을 저지르면서도
사랑하는 척,

윤초(閏秒)

그리니치 표준시 12월 31일 오후 11시 59분 60초
새로 생긴 1초,

신의 것도 아니고
우주의 것도 아닌 듯
어둠 속에서
없던 1초가 나타났다.

이 세상에서 아주 드물게 주인 없는 그 순간
1초 전에 태어난 새끼 새를 눈물 없이 삼키는
융단무늬왕뱀처럼
1초 만이라도 나도 정말 못되게 굴고 싶었다

집으로 가는 민달팽이의 길을 1초쯤 가로막고
사람의 마음 따위 1초 만에 구겨 버리고
1초라도 구름의 미망인이 되어
낯선 사내의 밤을 따라가면 어떨까 생각하는 사이

신의 뜻도 아니고

우주의 뜻도 아닌데
아무도 모르는 1초가
똑, 딱,

눈물의 용도

시간이 매일 그녀의 이야기를 가져갔다

부엌이 마련되었고 안방의 꽃무늬 커튼이 마련되어 있지만 그녀는 오늘도 날짜변경선을 넘어갔다

눈물은 낭만적인 하나의 설계도가 아니라는 게 그녀의 믿음이었다

미루고 미룬 문병의 오후를 적신 눈물이나, 백 송이 사랑의 꽃다발에 매달린 눈물처럼

속이려는 눈물조차 맑게 맺히는 것을 알았을 때

그녀도 결국 눈물을 삶의 방법으로 사용했다

눈물은 언제나 잘 드는 연장처럼 아름답고 무서운 것

순수의 알리바이를 위해 울고 싶지 않아도 필요한 것

나날이 그녀의 눈물은 단련되었고

세상은 아침저녁으로 그녀의 눈물을 받아 갔다

시간은 찢어진 영혼의 외투를 짜느라 눈물로 물레를 돌리고 있었다

얼굴의 팬터마임

낯선 얼굴을 껴입고 돌아와서
얼굴들을 하나씩 벗는다

눈이 지워진 얼굴
동시에 다른 말을 하는 얼굴
꽃과 가시가 뒤엉킨 얼굴
스타킹처럼 돌돌 말려서 퍼지지 않는 얼굴을
벽에 걸어 놓는다

내가 내 얼굴을 알아볼 때까지
눈동자 입술 젖은 두 귀까지 벗는다

그러나 벗어도 벗어도 벌거벗겨지지 않는다

 어떤 얼굴은 당신 같고 어떤 당신은 내 얼굴같이 닮았
는데

 귀퉁이가 잘린 달처럼 웃는 저 얼굴이
 금 간 표정에 약을 바른 저 얼굴이

내게 매달린다

방 안 가득 넘치는 얼굴들 속에
내가 내 얼굴을 찾을 때까지
목소리 비명 미소를 벗어 보지만

벗어도 벗어도 표정이 헐렁해지지 않는다

나는 얼마든지 있다

조용한 이사

아무도 그들의 이사를 보지 못했다
지은 죄가 없으니
야반도주는 아닐 텐데
힘은 없었어도 비겁하지는 않았으니
인사도 없이 떠나지는 않을 텐데
봄날이라고 찾는데 보이지 않는다
이사를 하노라면
나 같은 사람도 빗자루 몽둥이만큼의 소용은 닿기 마련
이어서
구석 먼지라도 걷어 내라고 불렀을 터인데
살던 자리엔 벌써 매끈한 몸들이 줄을 맞췄다
강아지 똥 한 덩이 덮어 줄 풀 하나 남기지 않고
가솔들을 데리고 어디로 갔을까
트럭 한 대의 살림살이도 없는 그들에게
누가 잘못 살았다 손가락질할 수 있어
가난이라는 죄목으로 철거를 명령했는지,
해마다 몇 킬로미터씩 사람에게서 멀어지는
그들은 이주비도 없이 어떻게 땅을 얻어 새집을 지을까
나 같은 사람에게도 알리지 않은 채

눈물 보따리를 짊어진
제비꽃과 민들레는 이 봄을 어디에서 피었다 지고 있
을까

늙은 개와의 산책

사람에게 묶었던 마음의 끈이 끊어졌을 때
늙은 개를 끌고 산책을 나간다
네 우울을 받아 주기가 힘들었나 보다고
사람들은 한마디씩
최소의 말로 나를 위로하고
그보다 더 적은 말로 나를 아프게 하는데
제비꽃을 위한 작은 땅에
덩굴장미가 자라난 곳 앞에서
개가 걸음을 멈춘다
뾰족한 가시를 세우고
땅을 차지한 꽃들
울타리가 무너지도록 뒤엉킨 줄기들
꽃잎 깊숙한 곳에서 날아 나오는 뒤영벌을
우두커니 바라본다
바람이 일고
개는 바람 속의 향기를 찾아 나서고
저 덩굴 꽃의 무례처럼 나도 그런 적 있었다고
소리 없이 고백을 한다
햇살의 눈꺼풀이 무거워질 때까지

개는 나와 걷는 동안
나의 목줄을 꼭 붙잡고
우연히 엿들은
사랑의 마지막 말을 해 준다

스물둘

되돌아올 편지를 쓰는 너,
잠들지 못하는 몸이여,
너를 위해 내가 양을 세어 줄게
 천천히 열 마리를 세고 백 마리를 세고 수천 마리 양 떼를 몰고
 네 밤의 울타리를 넘어줄게

편지를 잃어버린 나는 이제
일인칭의 고백을 할 수가 없고
사랑을 나눈 침대도 뒤돌아보지 않을 만큼 무정해져서
손바닥과 배꼽만큼이나 울 준비가 되지 않는구나

아침이 오고 계절이 돌아오고 꽃이 떨어지는 일을
더 이상 편지에 쓰지 못하니
내 혀로 내 귀에 속삭이는 깊은 밤

이쁘고 슬픈 것아,
춥거든 내 안으로 들어오렴
바윗덩이에 뚫린 구멍 같은 세월 속에서

너를 위해 아주 천천히 양을 세어 줄게

개종(改宗)

긴 겨울 베란다에서 한 송이 꽃을 피운 재스민
사는 동안 향기를 만들어 주는 이가 내게 없었으므로
흰 눈이 녹을 때까지 재스민나무 곁을 지켰다
이파리뿐인 고무나무 흘겨보며
꽃 없는 운명도 살 만한가고
찬물을 아끼곤 했다
이태째 마르고만 있는 두 뼘짜리 치자나무에겐
날 풀리면 아파트 화단에 내놓으리
엄포를 놓았는데
봄바람에 꽃봉오리가 부풀고 말았다
젖이 돌아 퉁퉁 분 가슴처럼
빈틈없이 꽉 찬 하얀 꽃잎
물뿌리개를 든 나는 미련 없이
치자나무에게 돌아서며
내가 아는 가장 아름답고 놀라운
찬양을 했다
스물일곱 송이라니!
겨우내 치자나무는 나를 용서하느라
온갖 신의 이름으로 기도했나 보다

제 3부

블루홀

내 눈물의 수심은 얼마일까

당신 한번 들어가 볼래?

산소통도 없이

착각

 당신은 내게 타이타닉호를 타고 여행을 오라고 했습니다. 배는 곧 빙산에 부딪힐 것이라고 누군가 말을 하지만 나는 즐겁게 침몰할 배의 갑판을 청소하고 북극의 오로라 같은 레이스 커튼을 답니다.

 흰 얼음덩어리 흰 안개도 따뜻하고 투명해

 일렁이는 파도는 나뭇잎의 모든 곡선처럼 부드럽지

 달빛 아래 바다 그 말 없는 깊이 속으로 크고 무겁게 떨어지는 물방울들 뜨거워 불이 붙네

 검은색을 쓰지 않은 밤하늘과 내 눈 속으로 익사하는 별들, 귀로 흘러들어 오는 물소리 물소리, 아름답군요. 당신은 내게 당신에게로 여행을 오라고 했습니다.

아주 사적인 나비 이야기

거짓말 같겠지만
45억 년 전 달이 지구를 지나가지 못하고 남은 그날처럼
잃어버릴 수 없는 부끄러움을 잃어버린 그날처럼
온 힘을 다해 이해해도 온 마음을 다해 용서할 수는 없던 그날처럼
거짓말 같던 그날처럼
꽃의 밖에서 잉태하고 싶은 것이 있어
꽃의 계곡을 넘어
나비가 왔네
슬픈 나비가 당신에게로 왔네

슬픔을 편애하는 당신은
나비를 불러 놓고 허밍 같은 날갯짓을 듣고 있네
그 순간 나비는 당신의 당신이었네
나는 당신 손의 나비를 질투하네

백일홍처럼 오래오래

삼백 년 된 백일홍나무가 꽃을 피우는 일은 그저
삼백 년쯤 된 습관이겠거니
짐작했겠지만
꽃을 만드느라 뒤채던 밤이 삼백 년이라면
그 잠은 얼마나 곤할 것인가
이를테면 지금도
삼백 년 전 첫 꽃을 맺었을 때처럼
혹은 방금 햇살을 베어 물고 날아와 앉은 새의 발목처럼
착하지도 죄를 짓지도 못한 채
당신이 내 등줄기를 짚어 주던 그 밤처럼
놓지 못한 바람이 보인다면
삼백 년째 백 일 동안
꽃은 얼마나 두근거렸을 것인가

나는 그 꽃 아래서
겨우 서른 몇 날의 그리움을 걱정하였으니
백일홍나무의 몸속에 잠든
삼백 년 된 별을 어찌 알아볼 수 있겠는가

무슨 힘으로 마음을 피우고 지우며 또 피우겠는가

백일홍처럼 오래오래

나로호와 나 홀로

나로호가 두 번의 실패 끝에 드디어 우주로 날아갔다
하얀 연기로 하늘을 덮고
땅을 뒤흔드는 굉음을 내면서
순식간에 점으로 사라져 버렸다
그 역사적인 순간을 보다가
나는 무릎을 쳤다

나를 끌어내리는 당신이란 중력을 벗어나려면
나도 꽁무니에 불을 붙이고
저런 맹렬한 속도로 달아나야 하는구나
사랑이란 대기권을 빠져나가며
붉은 심장 하나쯤은 버려야 하는구나

삶이나 사랑이나 투항하면 심연이고
저항하면 비극이 될 뿐이라면

그렇다면 난 차라리 고장 난 위성처럼
궤도를 지워 버리고
반짝이지만 보이지 않는 우주 속으로

광년에 광년을 넘어 흘러가야지

나로호를 지나 안드로메다를 지나
어둠을 통과하는 시간처럼, 나 홀로

수덕여관

그 많은 세월이 지난 뒤 첫 번째 저녁
당신으로부터 돌아오기 위하여 당신에게로 가는 길
그곳으로 가는 마지막 기차를 놓친다
끝내 돌려줄 수 없는 것을 받았으므로
당신의 목적지를 찾아 떠돌다
저녁 산사의 쇠북소리에 걸음을 멈춘다
사람의 그늘로 다가와 살지 않는 산새 우는 마당에서
눈꽃이 떨어져 가니 동백꽃이 필 차례라고
혼자 하는 말이 나를 아프게 할 즈음
여관 툇마루를 떠나는 저녁 햇살은
다 지나가고도 남는 것이 사랑이라며
섬돌에 남은 눈물을 주워 간다
주인 없는 여관은 빈방 한 칸이 없어
당신은 동쪽으로
나는 서쪽으로 머리를 두고 자는 밤
별보다 깊이 어둠 속으로 들어가
있지도 않은 기척을 기다리지만
문밖에는 소리 없이 흙을 밟는 바람뿐
약속은 그렇게도 멀리 있다

극야(極夜)의 댄서

차갑고 하얀 해가 뜨지 않는 낮이에요
평생 한 영혼을 설득하느라 힘든 당신
낡은 물범 가죽 신발은 벗어 놓고 맨발로 오세요
얼음이 두꺼워지는 소리에 맞춰 나와 춤을 춰요
여긴 당신이 두려워하는 눈부신 아침이 없어요
햇빛의 수다와 노래하는 새도 없어요
당신 안의 어둠만큼 밝고 당신 안의 등불만큼 어둑한 하늘 아래서
반역자도 사랑할 그런 여자가 되어 볼게요
은하수를 몇 개나 지나온 별빛도 내 운명을 바꿀 수는 없는 것
당신이 울 수 있게 영혼의 불빛은 더 낮게 줄일 테니
맨 몸의 춤을 빙글빙글 춰요
사람이 늘 태양의 편일 수는 없다는 걸
가장 이상한 사람은 행복한 사람이라는 걸
발끝을 세운 당신의 몸으로 말해 줘요
혼자 아프기엔 너무 밝은 세상으로부터 떠나
달이 빛나는 낮에
시간과 비밀은 내게 맡기고 긴 춤을 춰요

지구에서의 약속

우주를 가로질러 오는
그대가 만약 그라면
나는 지구의 속도로 걸어가겠어
시속 1,674km의 걸음걸이에 신발은 자주 낡겠지만
지구에서 만나기로 약속을 한 건
사랑을 믿는
이 별의 아름다운 관습처럼 살고 싶어서였어

사랑이라고 말하는 것은
세상에서 가장 높고 단단한 국경선인 마음을 넘어
천년 넘은 기둥처럼
그의 곁에 조용히 뒤꿈치를 내려놓는 일이야

눈부신 밤하늘의 정거장들을 지나
지구라는 플랫폼으로 그가 오면
풀잎이 새에게
호수가 안개에게
바위가 바람에게 했던 긴 애무를
맨발로 해 주겠어

그대 마음의 가죽을 깔고
그것으로 나의 정처를 삼게 되면
눈물의 소질을 타고난 나도
잊지 못할 저녁을 가지게 되겠지

먼 훗날
다시 어느 은하의 별까지 날아간 뒤에도
그대와 함께
다녀간 적이 있는 노을처럼
지구에서의 전생前生을 기억할 거야

수국이 필 무렵

하늘이 너무 맑아서 당신 생각이 난다는 말보다 내게 진실이 있을까

시간에 씻기어 기억 속에서 더 아름다워진 당신

그런 당신을 잊는 일은 은총을 필요로 하는 일이라서

가장 진부한 연애소설의 주인공이 부러운 봄날, 수국이 핀다

멀리서 늙고 있는 당신의 비밀에 대해서보다

당신의 마음에 대해서 더 궁금한 날에도 수국은 피고

영원하도록 태엽을 감아 놓은 햇살, 햇살 아래서

당신의 옛 고백에 침을 뱉고 싶은 마음보다 더 사실은 없지만

수국의 유혹이 당신의 유혹보다 더 위험하다는 거짓은
어떻게 믿게 할까

 오늘 같은 그리움이 몇 번이나 더 있을까

옆에 산다는 것

  이삿짐을 싸다가 수세미가 자라던 화분을 넘어뜨렸습니다
  아직 그 누구의 허리도 감아 보지 못한 어린 녀석을
  같이 데려가지 못하는 미안함에
  땅 내음이라도 맡으려무나
  아파트 화단으로 내려갔습니다
  그러고는 찬찬히 나무들을 쳐다봅니다
  제일 큰 벚나무는 귀찮아할까
  라일락의 목을 죄면 향기를 잃고 말겠지
  산수유나무에서는 우리 집 창문이 보이지 않을 거야
  마치 고해성사를 하듯 나무마다 찾아다니며 밑동을 만져 봅니다
  나무에게도 눈물 같은 것이 있어서
  손을 대면 뿌리의 체온이 전해집니다
  뜨겁지도 먹먹하지도 않은 나무 곁에 수세미를 심어 주고
  이제 막 허공 한 줌을 움켜쥘 만한
  덩굴손으로는 상처 난 나무껍질을 감아 주었습니다
  나무와 수세미의 그림자는 이미 하나였습니다

옆에 산다는 건 이런 일이었습니다
실로 우연히라도 그림자를 포개어 놓고 싶은 일 말입니다
먼 곳에서 당신이 보낸 대숲의 소식을 받는 순간
내 안에 당신이라는 심장이 생기는 그런 일 말입니다

조약돌

냇물 속에서 당신이 조약돌 하나를 꺼내 준다

당신과 내가 세상에 나오면서
이 조약돌
둥글고 납작한 돌도
강을 떠나게 되었구나
기쁨일까, 슬픔일까
그 마음을 알 길 없으니

먼 훗날
당신이 나를 떠난다면
맑은 물결 아래로
이 조약돌
다시 데려다 놓을까
조약돌을 받으면서
나는 조약돌이 있던 자리를 기억해 둔다

당신의 모습보다 더 오래 기억해야 하는
냇물 소리와

바위 아래 물고기의 집을
조약돌에게도 알려 준다

그리고
이 조약돌에게
부탁하면 안 되는 일이지만
결코 내가 몰랐던 방식으로
사랑이 슬퍼지면
그땐
얇은 거품이 되어도 좋다고

당신이 냇물 속에서
조약돌을 꺼내 줄 때
나는 벌써 작별을 마무리 지었다

햇살이 이럴 땐

그 이야기를 하려면 너무 슬퍼서
햇살이 이럴 땐 꼭, 이라고만 했어

햇살이 이럴 땐
사막의 나무들은 잎을 말아 이슬을 모으고
시실리의 어린 처녀들은 포도를 밟아 술을 빚을 거라고

이슬이 가득 모이면 새가 날아와 목을 적시고
붉은 술이 익으면 축제의 밤이 시작되고

저녁이면 꽃잎을 닫는 꽃들도
햇살이 이럴 땐
빈 여름 침실처럼 활짝 열려 있을 거라고

한 남자가 평생을 바라본 풍경과
한 여자가 일생을 바라본 뒷모습이
사랑이 아니었어도

햇살이 이럴 땐

손바닥 위에라도 마음을 내놓을 거야

햇살 속에 더 환한 햇살이 있어서
슬픔이 나를 다 가질 순 없는 거니까

세월

스무 살이 되자 열두 살의 어둠은 여명처럼 되었고
마흔다섯이 되자 청춘의 슬픔은 이슬이 되어 있었다

지나가고 지나간다

내 가슴을 찢어 놓은 어떤 바다, 어떤 구름, 어떤 노래,
어떤 미소도
먼 바다 흰 구름
가벼운 한숨과
바람이 되듯

빗방울에 몸을 잃어 가는 돌멩이처럼
한 사람도
결국

지워지고 지워진다

해가 뜨자 달이 뜨고 별이 뜨자 해가 뜬다

제 4부

빈 항아리

빈 항아리에 눈이 내린다
저녁을 굶은 아이와 젖이 마른 엄마가 부둥켜안은 것처럼 둥근
새벽에 울려 퍼지는 수도원의 종소리처럼 둥근
항아리에 눈이 내린다
운명이 없는 눈송이들이 항아리에 담긴다
가장 멀리서 가장 깨끗하게 온 것들을 담아
어떻게 이토록 자기의 가슴을 슬프게 만들 수 있는지
빈 항아리는 차곡차곡 눈을 쌓는다
슬픔을 발효시키려면 따뜻하고 부드러운 공간이 필요하다는 듯
둥근 자세를 바꾸지 않고
모든 기도를 다 드린 마음처럼 둥글게
항아리는 비어 있다

꽃을 기다리며

이사 와서 첫봄, 낯선 풍경을 이겨 보자고
땅을 파고 울타리를 엮어
바람과 일몰이 있는 꽃밭을 만들었다
채송화와 사루비아 꽃씨를 묻어 놓고
모두가 살아난다면 나의 비좁은 꽃밭은 얼마나 낭자해질까
하루에도 여러 번 그늘 속을 열고 드나들었다
꽃씨의 숨결에 뜨거움을 주는 것이라면
빗소리나 노을의 뒤편까지 꽃밭에 보태 주었는데
꽃밭은 가파른 적막만을 지키고 있었다
때가 되면 무슨 일도 없이 잎을 내고 꽃을 피우는 순서란 종교 같은 믿음인 줄 알았으나
꽃을 보는 일은 가담하지 않아도 되는 소문 같은 것인 줄 알았으나
아름다움을 욕망하지 않는 삶도 있구나
이 별에서 봄날의 형식을 거부할 수도 있구나
땅 위로 오는 바람과 땅 밑으로 오는 일몰을 모두 품은 뒤에
스스로 선택했을 저 씨앗의 고요 앞에서

나는 더 이상 꽃 피지 않는 물큰한 몸을 안으로 닫아걸고 조용히 합장하였다
　만약 후일에라도 꽃이 나와서
　그 향기가 내게 도착했을 땐
　마알간 물방울 같은 질문도 없이 꽃을 맞이할 수 있기를
　기도하는 봄 뒤의 봄날이었다

구름과 여자

구름을 걸어 가는 여자를 안다
그녀는 자주 아무도 모르게
나무와 나무 사이의 허공에서 내려온다
바람도 헛디디고 넘어지는 하늘에서
구름을 걷어다 창문에 걸어 둔다
그런 날은 그녀의 시간이 구름 속을 떠돌고 있어
어린 몸을 꺼냈던 허리 아래 어디쯤
가느다란 실금을 붙이며 그녀가 길게 운다
그 울음에 기대어 잠든 아이의 배꼽을 열고
몸속의 상처에 구름을 끌어다 덮는다
미안하구나 미안하구나
아주 깊은 숨처럼 참을 수 없는 말 온 몸에 돌면
너를 다시 낳으마
새털구름 같은 눈썹을 단 너를 내가 낳아 주마
어린 몸을 돌고 돌아 검붉어진 구름을 씻으며
그녀는 다음 생까지 닿을 약속을 한다
짙고 큰 구름 떼가 지나가는 날엔
그녀는 먼 하늘을 달려간다
시간 속의 한 정거장처럼

그녀와 아이를 첫날로 데려가는 구름들
햇살조차도 그렇게 부드러운 손을 가질 수 없는
구름에 중독된 여자가 있다

바꿀 수 없는 버릇

어금니를 무는 버릇이 있군요
의사가 숨은 버릇 하나를 찾아냈을 때
입을 다문 건
부끄러움 때문만은 아니었다
헐어 가는 입으로 물고 있는 것들,
옛 애인의 소문이나
책 속의 쓰레기 같은 정신이나
매운 사탕과자나
썩고 있는 우울,
나의 만찬들을 씻어 내기 싫어서였다
버릇을 고치지 않으면 금이 가겠는데요
의사가 자꾸 버릇이라고 말할 때
손으로 입을 막아 버린 건
어금니가 부서지도록 깨물어야 안심이 되는 것,
그것이 나라고 말할 수 없어서였다
위험한 버릇이라지만
내게 정말 위험한 건
꽃이름 따위를 말하느라 입을 벌리는 순간
삶의 허공을 깨무는 일이다
오늘도 노련하게 어금니에 힘을 준다

빙어를 먹으며

빙어라는 작은 물고기
얼음 밑에서 먹이를 끊고 몸이 투명해진 물고기를 보다가
그만 위선이라는 말이 좋아졌다
목숨 걸고 몸이 맑아져야 할 숙명이 아닌 것도
빙어를 씻기고 씻기는 큰 강 같은 사랑이
나의 책무가 아닌 것도 다행이었다
무엇보다 순정하지 않은 내 안의 어둠과
금 간 뼈와 긴 오열 같은 내장을 보고도
너는 이뻐
너는 착해, 라고 해 주는
솔직한 위선이 따뜻했다
그러면 나도
한없이 다가갈 수 있는 눈빛을 하고
너도 멋져,
은빛 비늘 같은 말을 덮어 주며
물결보다 얇은 손을 잡고 등을 토닥이면 그만인
그만큼의 세상이 좋았다
한 접시의 속이 맑고 투명한 빙어를 먹으며
우리는 거짓말을 했고 서로를 사랑했다

유리 감옥

　동물원에서 암늑대 한 마리가 탈출했다는 TV 뉴스를 본다
　아름다운 털과 가지런한 이빨의 젊은 암컷이 화면에 나타났다 사라진다

　기어이 사랑이나 하며 살아 보자는 남자는 제일 먼저 유리 벽을 세웠다 밤은 어둡고 꽃은 찢겨도 고양이로부터 안전한 친절하고 맑은 벽이었다 시대의 어지럼증 같은 것은 진공으로 만들어 버릴 수도 있는 벽이었다 십 년 동안 한 가지 풍경만을 고집해도 바람과 햇빛이 그것을 거들었다 그만큼 눈부신 벽이었다 벽의 얼룩을 닦는 남자였다 그러나 내 피를 돌게 하는 것은 쪼그라든 심장이 아니라 유리 벽 너머의 소문이라는 것을 모르는, 날것의 살냄새가 그리워 벽을 긁어 대는 손톱자국을 모르는, 끝까지 사랑이나 하자는 남자였다

　유리창살 너머 달빛 속에서 암늑대가 나를 기다린다
　저것이야말로 송곳니 같은 희망이다

모두 옛말

　부처의 제자 중 한 사람은 마당을 비질하는 일로써 깨달음을 얻었다는데,

　봄에는 꽃잎을 쓸고
　여름에는 빗물을 쓸고
　가을에는 낙엽을 쓸고
　겨울에는 눈을 쓸어 낸다

　꽃잎은 봄의 쓰레기
　빗물은 여름의 쓰레기
　낙엽은 가을의
　흰 눈은 겨울의 쓰레기

　일 년 내내 아파트 단지를 쓰는 경비 아저씨는
　빗자루처럼 기대 쉴 낡은 벽이 없다
　깨달음은 모두 옛말,

그 뽕나무

태풍이 지나가고 나무가 뽑혔다
자주 가는 병원 주차장
뽕나무 한 그루가 사라졌다

그 나무 아래서는
보랏빛 오디를 따먹고 입술이 검어진 아픈 아이가 웃었고
거미줄에 잡혀 날개를 버둥거리던 나방을 볼 땐
저것의 생과 사를 내가 결정해도 될 것인가 고민하였는데
하루아침 폭풍우에 평생이 사라졌다

내년에는 꼭 그늘 값이라도 치르리라던 우리의 우정을 보기도 전에
나무는 어디로 갔는가
어째서 철학자는
무 역시 하나의 존재라는 거짓말을 했고
말이 아니라 삶으로만 답해야 하는
나무의 큰 죄는 무엇이었던가

어김없이 돌아오는 계절을 보며
사라진 그늘 속에서
아무도 기억하지 않는 뽕나무를 생각한다

죽은 나무에게도
삼월은 봄이었으면 좋겠다고

발바닥은 어떤가요?

누군가와 악수를 하다가
딱딱한 나무 의자에 엉덩이뼈가 닿는 느낌이라던 그 말
이후로
나는 손을 잘 내밀지 않게 되었다

지하도에서, 시장통에서
구걸하는 사람을 볼 때도
시멘트 바닥에 널브러진 까만 손이며 흉터
내 손에도 만져지는 듯했다

누구라도 섬섬옥수
긴 손가락으로
외로움 따위만 살살 만지고 싶은 일인데

손을 가린다는 것은
감추어 둘 수밖에 없는 삶의 사정이 있다는 말
손바닥이 딱딱해진다는 것은
자신의 안개를 막으며 살아가고 있다는
그것이 아니고 다 무엇인가

다음에도 또 누군가
걸레의 물기를 피하듯 내 손을 쥔다면
열반에 들기 직전
슬퍼하는 제자들에게
관 밖으로 슬며시 발을 내밀었다는 부처님처럼,

나도 하얀 발바닥을 내밀어야겠다
손바닥보다 발바닥이 더 부드러우니
발바닥은 어떤가요

욕을 먹다

사람들은 쉽게 욕을 한다
짐승 같은 놈
짐승만도 못한 놈, 이라고

그 순간 초원의 한복판
사자와 가젤이 달려간다
가젤 한 마리를 뒤쫓는 사자와 사자로부터 도망가는 가젤이
몇 번째인지 모를 생을 헤아리며 달린다
사자나 가젤이나
먼먼 조상을 원망하지 않고
신이 편들지 않는 게임에서
서로의 운명을 팽팽히 당기며
짐승의 삶을 지킨다

빌딩 숲에서 나는 달린다
사자가 결코 부러워하지 않을
행복을 얻기 위해 발톱을 세우고
가젤보다 위험하게

사자보다 숨차게 검은 밤을 헤맨다

사람 같은 놈, 이라고
사자에게 욕먹는다

봄날의 후회

개미 떼가 지나가는 걸 보고 베란다 화분 사이에 흰 가루약을 뿌렸다. 이내 개미가 사라지고 개미굴 속의 늙은 암개미 같은 건 걱정도 않았는데, 텔레비전에서 스님들의 탁발 행렬을 보다가 그만 가슴이 서늘해졌다.

겨우 빵 부스러기를 탁발해 가던 개미에게 나는 뭐 그리 큰 것을 빼앗긴다고 생각한 걸까? 내 몸의 단물도 아닌 꽃나무의 단물조차 공양하지 못하다니.

모른 척을 해 보지만 조용해진 화분에 자꾸 눈이 간다. 꽃나무의 그늘이 지금처럼 서늘한 적이 있었던가. 내 속에 있는 것들 중에 개미와 꽃나무의 하루에 어울릴 만한 게 있던가.

귀에 들리는 꽃나무의 침묵에 나는 숙일 수 있는 데까지 깊이 머리를 숙인다.

나뭇잎 한 장

누군가는 사랑의 서약을 했을 법한 나무 밑이었다
약속이라면 더 이상 믿지 않는다는 듯
서늘한 그늘을 드리운 나무 아래에 있을 때
양쪽 겨드랑이에 목발을 낀 사내가 말을 해 왔다
이것 좀 주워 주실래요?
사내가 네 발로 밟고 있는 바닥을 휘이 둘러보니 비 맞은 낙엽뿐인데
무엇을?
턱을 내밀어 가리키는 쪽을 보았다
이제 막 나무에서 떨어진 따뜻한 나뭇잎 한 장
입동 저녁을 덮으려고 내려놓은 나무의 마음 한 장
사내의 손에 쥐어 주었다

아, 나뭇잎 한 장을 데려가는 사내와
나뭇잎 한 장의 아래 같은 데 어디 없을까

바느질하는 여자

머리와 팔다리가 떨어진 인형을 꿰맨다
너덜너덜해진 옷을 벗기니
끊어진 관절 구석구석 고름처럼 밀려 나오는 솜뭉치
나 혼자 너를 사랑하는 슬픔 덩어리 같아
가위를 들고 바싹 잘라 버린다
피도 없이 몇 개의 기억이 지워진다
미안한 마음에 한 겹 종이처럼 구겨진 가슴의
까칠한 바늘자리를 더듬어
다시 봄날을 보낼 수 있는 심장을 달아 준다
뾰족한 통증이 핏줄처럼 뻗어 나가 몸을 덥힌다
이제 울지 마라 울지 말자
지금은 나도 잊었고 너도 잊었지만
머리카락이 바늘땀처럼 가지런했던 한때
사랑이란 그런 시절의 분홍 리본 같은 것인지도 몰라,
중얼거리며
 조그만 떨림에도 실밥이 터져 버리는 나의
 말똥말똥한 눈알과 꽃밭 같은 그곳과
 끝내 헐떡거리는 불안을 곱걸어 박는다
 철사 줄로 촘촘 나를 꿰맨다

별의 부음을 받다

불혹을 넘고 나니 더 이상 궁금한 것이 없다고
이미 너무 둥글어졌다고
수천 살 수억 살 먹은 별들에게 말을 하고

목숨 하나쯤은 거뜬히 받아 줄 밤하늘에서
마지막 길을 잃었으면
우주의 먼 구석인 허공에게 말을 하다가

신의 정원에서 홀로 피었다 지는 풀꽃처럼
소박한 이름으로 사는 하소연을
제일 빛나는 별빛에게 하려던 중이었는데,

그 큰 별은
무한의 너머로 가지 않고
이 지상의 어둠 속으로
아무도 모르게 조용히 떨어지고 있었다

나는 가장 현명한 슬픔 하나를 이해하는 중이다

해설

'시시포스의 바위'를 굴리는 '북극 여행자'

이성혁(문학평론가)

1

현재 한국에서는 수많은 종의 시집이 출판되고 있지만, 좋은 시집이 많다고는 할 수 없다. 개성적인 시집은 그다지 많아 보이진 않기 때문이다. (좋은 시집이란 개성을 가진 시집이라고 할 수 있을 것이다.) 시집의 '개성'은, 요즘 유행하듯이 새로운 시법을 가장하는 방식으로 획득되는 것이 아니다. 어떤 숨결이나 사유를 감지할 수 있는 시집 또는 어떤 삶이 시집을 관통하고 있는 시집에 대해 개성적이라고 할 것이다. 그 삶이나 숨결이 실제 시인의 그것을 의미하는 것은 아니다. 시집에 펼쳐진 삶의 주인공은 이 세상에 존재하지 않는 허구의 인물일 수도 있는 것이다. 하지만 시집을 일관성 있게 만들어주는 그 인물이 없다면 시집의 개성은 확보될 수 없을 것이다. 어떤 시집에서 개성을 인지할 수 있게 되는 방식은 여러 가지이겠는데, 그 중 한 가지는 어떤 삶의 드라마를 보게 되는 것이다. 서정적 주체가 주인공이 되어 그의 내면적 갈등을 전개하는 드라마. 이운진 시인의 두 번째 시집인 『타로 카드를 그리는 밤』은 서정적 주체의 그러한 드라마를 보여주면서 개성을 확보하고 있는 시집이다. 단적으로 말해서, 이 시집은 요즘 보기 드문 좋은 시집이다.

이운진 시인은 1995년 『시문학』으로 등단했다. 첫 시집인 『모든 기억은 종이처럼 얇아졌다』를 2006년에 펴냈으니, 근 10년마다 한 권씩의 시집을 상재한 셈이다. 과작의 시인이라고 하겠는데, 그래서인지 두 시집에서 헙수룩한 시편들이 거의 보이지 않는다. 특히 이 두 번째 시집의 시편들은 웅숭깊은 서정을 단정하면서 유려하게 보여주고 있는데, 시력이 길어진 만큼 시작(詩作)의 완성도도 예전 시집의 그것보다 더 높아졌다는 생각이 든다. 이 시집을 다 읽은 독자는, 한 여성의 구상화되기 어려운 깊은 감성이 눈에 잡힐 듯한 느낌을 받을 수 있을 것이다. 또는 어떤 한 사람의 내면적 삶 그 자체를 마주하고 있다는 생각을 하게 될 수도 있다. 한 권의 시집이 이렇게 선명한 독서체험을 가져다주는 일은 흔하지 않다. 시집 안의 시편들이 고르게 시적 수준을 유지할 때, 그리고 한 편 한 편 독자적인 시편들이 어우러져 하나의 일관된 세계를 구성할 때 한 권의 시집은 독자에게 그러한 독서 체험을 줄 수 있는 것이다. 이 시집 역시 각각의 시편들이 안정된 구성과 신선하고도 정제된 언어 구사를 보여주는 동시에, 그 시편들의 전개는 한 사람의 내면적 고투 과정을 선명하게 가시화하고 있다.

이 『타로 카드를 그리는 밤』은 이운진 시인의 첫 시집의 시세계를 이어받고 있는 시집이다. 그 첫 시집은 여성으로서 살아가면서 상실할 수밖에 없는 것들에 대한 처연한 슬픔을 명징한 이미지로 펼쳐냈다. "꽃씨까지 다 떨군 폐경의 시간은/저렇게 가벼워지는 것인가/스스로 환하게 바람을 닮으면/삶은 뼈가 되어 남는가"(「말라붙은 시간」)와 같은 처연한 토로에 나타나는 이미지들은 바로 그러한 슬픔을 선명하게 구상화한다. 첫 시집 제목인 "모든 기억은 종이처럼 얇아졌다"라는 문장이 첫 행에 등장하는 「서른넷」은, 시인이 그러한 슬픔을 견디면서 살기 위해 시를 쓰고 있다는 것을 드러내고 있다. "종이에 온몸을 다 새"기면서 사는 시 쓰는 삶. 하지만 시 쓰기는 서글픈 일이기도 하다. 그 여자가 온몸을 새기고 있는 종이는 "누구든 찢을 수 있는" 하찮은 것에 불과하기 때문이다. 또한 계속 "등에 다른 등을 올려놓"아야 하는 온몸의 시 쓰기는 "잔뼈 부서지는 소리를 들으며" 이루어지는 것, 그녀에게 시 쓰기란 시간과 기억의 붕괴가 가져오는 고통을 겪는 일이기도 했음을 「서른넷」은 보여주었던 것이다.

첫 번째 시집을 상재한 이후에도 그러한 상실의 슬픔과

글쓰기의 고통을 여전히 겪고 있을 시인은, 자신의 삶의 근원에 대해 질문하면서 두 번째 시집을 시작한다. 이 시집의 서두에 실린 「슬픈 환생」이 바로 그러한 질문을 던지고 있는 것인데, 그 시는 자신이 꼬리를 자르고 개에서 사람으로 환생했다는 신선한 발상을 바탕으로 시인의 내면이 처한 서글픈 상황을 요령 있게 전달하고 있는 시이다. 그 시에 따르면, 시인이 그렇게 환생하여 얻은 것은 "거짓말할 때의 표정"이나 "개보다 훨씬 길게 슬픔과 싸워야 할 시간", "고비사막의 밤"보다 "더 외로운 인생"일 뿐이다. 한 마디로 말해, 개에서 사람이 되면서 얻은 것은 '허무'다. 그런데 흥미롭게도, 시인은 사람이 되기 이전에 자신의 꼬리뼈에 붙어 있었던, 그러나 지금은 "모래 언덕에 뒹굴고 있을 나의 꼬리를 생각"하는 것이다. 시인의 근원의 일부이기도 한 그 꼬리는, 지금은 잊어버린 "지평선 아래로 지는 붉은 태양과/그 자리에 떠오르는 은하수/양 떼를 몰고 초원을 달리던 바람의 속도"와 "고비사막의 밤"에 대한 기억을 저장하고 있을 터이다.

이러한 근원에 대한 질문은 근원에 대한 탐구로 나아가기 위한 것이라기보다는 현재의 삶이 겪고 있는 심적 고통을 서정적으로 토로하기 위한 것이다. 「나의 탄생」에서 '먼지'였던 "나를 부풀린 건/엄마의 사랑이었을까요/피가 텁고 뼈가 단단한 사내의 청춘이었을까요"라는 시인의 질문 역시 "불온과 야생의 유전자" 때문에 혼돈과 "슬픔으로만 키가 크고 살이" 쪄야 했던 자신의 고통에 대한 원망 섞인 토로를 하기 위해 던져진 것이다. 시인은 그 시에서 "아름다움과 슬픔이 심장에서 나누어지지 않은/ 불안 없는 영혼으로 돌아가고 싶"다는 희망을 표하지만, 다시 태어난다고 해도 "나는 다시 무엇이 될"지 모르기에 그러한 희망이 이루어지리라는 기대감을 가지진 못한다. 하지만 첫 시집과는 달리, 이 시집에서 시인은 슬픔과 고통의 다소 소극적인 서정적 토로만 하고 있지는 않다. 표제작에서 시인은 다음과 같이 말한다.

> 타로 카드 한 장을 뒤집었을 때
> 무표정한 점술사는 내게
> 슬픔의 바위를 밀어 올리는 시시포스와 같다고
> 영원히 나의 바위를 향해서 돌아가야 한다고 했다
>
> 아름다운 계절이
> 동쪽에서 왔다가 서쪽으로 가고
> 새들이 남쪽과 북쪽으로 집을 옮겨 다녀도
> 바위는 나의 운명보다 강할 거라고,
>
> 그때 나는
> 별조차 아무런 이유 없이 떨어지는 곳
> 내가 불시착한 이생에서
> 슬픔의 대문자로 이름을 썼다
>
> 슬픔은 마음에서만큼이나 가슴에서
> 몸에서 만큼이나 삶에서

나를 베는 연장이 되어

구르는 바위와 나 사이
무엇을 세워도 슬픔을 이기는 튼튼한 벽이 되지 않았다

웃고 그리워하고 싶은 보잘 것 없는 저녁과
내가 그렇게까지 사랑하고 있는 줄 몰랐던 하루를
내게서 영원히 가져간 건 누구인지

내가 가고 싶지 않은 곳에서 나를 기다리는 바위에게로
돌아가고 돌아가고 또 돌아가게 하는 건 무엇인지

눈물 하나하나가 바위처럼 굴러 떨어지는 밤

신의 유머 같은 내 운명의 타로 카드에
나는 슬픔을 섞지 않은 빛깔로 몇 번이고 덧칠을 했다
- 「타로 카드를 그리는 밤」 전문

이 시에서 시인은 떨어질 바위를 언제나 올려야 하는 시시포스의 삶을 자신의 삶으로 받아들이고 있는 것처럼 보인다. "눈물 하나하나"인 그 바위는 한편으로 시를 가리킨다고도 할 수 있겠다. 희망을 품고 현재의 삶 위로 올리지만 절망의 바닥으로 다시 떨어지는 시. 점술가는 그 '시-바위'가 "나의 운명보다 강할" 것이어서, 시인은 그 '시-바위'로 "영원히" "돌아가야" 하리라고 예언한다. 시인에 따르면, 이 예언은 그대로 맞아 떨어졌다. 시인이 '시-바위'를 올리면서 바위가 아래로 구르지 않도록 "바위와 나 사이/무엇을 세워도", "삶에서/나를 베는 연장이" 되어버린 슬픔은 그 방책을 무너뜨리고 시를 아래로 굴러 떨어지게 만들었던 것이다. 하지만 다시 시를 삶 위로 굴려 올리는 작업을 멈출 수는 없다. 그 시는 결코 삶의 기쁨에 도달하지 못하고 다시 저 아래 슬픔으로 굴러 떨어질 테지만 말이다. 시인은 이미 "웃고 그리워하고 싶은 보잘 것 없는 저녁과/내가 그렇게까지 사랑하고 있는 줄 몰랐던 하루를" "영원히" 잃어버렸기 때문이다. 하지만 그 나날들에 대한 그리움 때문이라도, 시인은 다시 '바위-시'에로 "돌아가고 돌아가고 또 돌아가게" 되었을 터, 그리하여 이 시시포스의 끊임없는 바위 굴리기로서의 시 쓰기는 이 시집에 실린 시편들을 낳게 된 것이다.

2

이운진 시인이 이 시집에서 줄곧 토로하고 있는 슬픔은 사랑의 상실과 관련된다.「취미」에서는, 그 슬픔이 극에 달하여 죽음 충동을 불러일으키기에 이르고 있다. 이 시에서 시적 화자는 당신의 나에 대한 사랑의 부재를 확인할 때마다 "내가 종이 인형처럼 누워 있던", "사랑이 없는 침대"를 집으로 끌고 와 수집한다. "당신이 한 번도 믿지 않았던 사랑이/당신에게 생기는 날", 그 "평생 모은 침대를 부수어/아름다운 나의 관을" 짜기 위해서다. 그 관은

"당신의 후회와 나의 슬픔에 꼭 맞는", 시적 화자의 "마지막 침대"로, 시인은 당신이 가장 마음 아플 때 죽음으로써 "나를 안고 인형 놀이를" 했던 당신에 대해 복수하고자 하는 것이다. 하지만 당신에게 사랑이 생기는 날이 올지는 불분명하다. 아니, 오지 않을 가능성이 더 많다고 할 수 있다. 그래서 슬픔으로 차 있는 삶은 죽지 않고 계속될 것이다. 하여, 「동해로부터」에 따르면, "처음으로 내 이름을 불렀던 사람의 입술에서" "작은 모래알처럼 반짝이"고 "물새 발자국처럼 명랑했던 이름"이 지금의 삶에서는 "감옥의 무게를" 가지게 되는 것인데, 시인은 그 이름을 다음과 같이 내려놓고 있다.

　감옥의 무게를 가진 이름이
　하얀 물거품에 지워진다

　이름이 있던 자리에는
　물이 두고 간
　소금과 구름의 냄새들
　이름보다 오래 마음에 머물다 사라지고

　다 드러난 잇몸처럼 부끄러워진
　내 이름을 조용히 불러보다가

　세상에서 가장 오래된 것 앞에
　가장 가벼운 것을 무겁게 내려놓는다

- 「동해로부터」 후반부

처연한 아름다움을 주는 시다. "내 이름"은 "다 드러난 잇몸처럼" 부끄러운 것이 되었다. 이름은 '나'의 정체성을 상징할 텐데, 부끄러운 자가 된 '나'는 겨우 나만이 조용히 불러줄 대상이 되었다. 하지만 "가장 가벼운 것"인 '나'의 이름은 나에게 감옥이 되어버린 것이어서, 나 역시 '나'보다는 "이름이 있던 자리에" "물이 두고 간/소금과 구름의 냄새들"을 마음에 품게 된다. 그래서 시인은 '나의 이름'을 "무겁게 내려놓"게 되는 것이다. 그런데 나의 이름을 내려놓고자 하는 것은 자아를 버리고자 하는 것이다. 즉 시인은 감옥이 되어버린 '나'의 소멸을 희구하게 되었다고 하겠는데, 이러한 소멸에의 희구는 아래의 시에서 '행방불명' 되고자 하는 희구로 변용되어 나타나고 있다.

천 년이나 살고 난 아프리카 바오밥 나무는
텅 빈 몸 안에 술집을 열었다는데
나는 술집이라는 말에 그 바오밥 나무가 가깝고 아름답다

인생보다 넓은 가슴을 열어 놓은 나무라면
거짓의 밤이 많은 나는 그 술집에 가서
사람에게는 할 수 없는 고해성사라도 할까 보다

당신을 위해 빌려 온 행복과 빌려 온 아침, 빌려 온 글과 장

미를 증인 삼아
 사랑은 나의 수의(囚衣)였다고 말하면 어떨까

 눈물과 섞인 후에야 아름다워지던 감정들
 그것들에 방패를 들어 주던 싸구려 철학들
 모든 것이 농담이었다고 한다면
 사랑의 불빛이 꺼지고 혼자만의 밤이 찾아올까

 마흔네 살의 여자에게 남은 모든 연민으로
 내 뒤통수를 내가 가만히 쓰다듬는 그런 밤

 당신의 소중한 것들을 다 팔아서
 내 하찮은 휴식의 며칠을 마련할 수 있으면
 별빛이 천장화처럼 그려진 그 술집에 가고 싶다

 늙은 나무에게 꽃을 물어다 주는 새의 하루처럼
 가볍고 무료하게
 하루를 잃고 또 하루를 잃으면서
 내 안에서 독약이었던 것과 이슬이었던 것도 잃으면서

 행방불명이라는 내 소식을 들으면 좋겠다
 -「바오밥 술집」 전문

 천 년 묵은 바오밥나무의 텅 빈 몸 안에 열려 있는 술집은, 한편으로 삶의 고통이 사라진 무덤을 상기시키기도 한다. 그래서 현재의 주거지에서 '행방불명'되어 그 술집에 숨어들고 싶다는 희구는 죽음 충동에 따른 것이라고 생각할 수 있다. 그 "늙은 나무"에서의 삶은 "가볍고 무료하게/내 안에서 독약이었던 것과 이슬이었던 것도 잃"는 것이라고 할 때, '바오밥 술집'을 죽음의 망각과 연관시켜 생각하는 것은 자연스럽다. 하지만 그곳은 검은 적막만 흐르는 곳이 아니다. 그곳은 '술집'인 것이다. 그래서 시인이 표명하는 행방불명에의 희구를 죽음충동에 따른 것이라고만 말할 수는 없다. 그 '소멸-행방불명'은 또 다른 삶에의 희구로도 보이기 때문이다. 그렇기에 시인은 그 바오밥 나무에 대해 "가깝고 아름답다"고 썼던 것 아니겠는가. 그렇다고 하더라도 그 술집이 이 현세에 존재하고 있는 것 같지는 않다. 그곳은 "인생보다 넓은 가슴을 열어 놓은" 장소, 그러니까 인생 너머의 장소인 것이다.

위의 시에 따르면, 현세에서의 시인의 삶은 "거짓의 밤이 많"은 것이었으며 그에게 사랑은 '수의(囚衣)'였을 정도로 삶을 폐쇄시켰던 것이었다. 그에게 사랑에 대한 희망은 없다. 현재 시인은 아래의 시와 같은 상황에 놓여 있기 때문이다.

편지를 잃어버린 나는 이제
일인칭의 고백을 할 수가 없고
사랑을 나눈 침대도 뒤돌아보지 않을 만큼 무정해져서
손바닥과 배꼽만큼이나 울 준비가 되지 않는구나

아침이 오고 계절이 돌아오고 꽃이 떨어지는 일을
더 이상 편지에 쓰지 못하니
내 혀로 내 귀에 속삭이는 깊은 밤
-「스물둘」부분

이제 시인은 당신에게 도달할 편지를 쓰지 못한다. 편지를 잃어버렸기 때문이다. 그렇기에 당신에게 "아침이 오고 계절이 돌아오고 꽃이 떨어지는" 소소한 일에 대한 것조차도 "일인칭의 고백을 할 수가" 없다. "사랑을 나눈 침대"조차 "무정"해졌다. 결국 내가 할 수 있는 일은 고독하게 쓸쓸히 "내 혀로 내 귀에 속삭"일 수 있을 뿐이다. 하지만 사랑의 기억이 여전히 그를 고통스럽게 한다고 할 때, 그렇게라도 혼자서 자기 자신에게 속삭이는 밤을 지내는 것이 그에겐 위안이 될 수 있는 일인 것이다. 그래서, 다시「바오밥 술집」으로 돌아오자면, 그는 '바오밥 술집'에서 "모든 것이 농담이었다"며 "사람에게는 할 수 없는 고해성사"를 함으로써, "사랑의 불빛이 꺼지고 혼자만의 밤이 찾아올" 수 있기를 희구한다. "당신의 소중한 것들을 다 팔아서/내 하찮은 휴식의 며칠"만이라도 얻고 싶을 정도로 당신에 대한 사랑은 그에게 고통스러웠던 것이다. 그런데 휴식은 시인의 또 다른 삶이라고 할 수 있는 것, 하여 '바오밥 술집'은 사랑의 흔적이 있는 이 세상으로부터 떨어져 나와 모든 것을 버리고 무료하게 조용히 휴식을 취할 수 있는 또 다른 삶의 장소라고 하겠다.

하지만 '바오밥 술집'은 상상의 장소일 뿐이다. 휴식이 저절로 이루어질 수 있는 장소는 이 세상에 없다. 시인은 "마흔 다섯이 되자 청춘의 슬픔은 이슬이 되어 있었다"면서 고통은 "지나가고 지나"가며, "내 가슴을 찢어 놓은" 상처가 되어 고통을 주는 기억 역시 "지워지고 지워진다"(「세월」)고 스스로에게 위안을 주고 있기도 하다. 하지만 바로 그러한 슬픔의 사라짐 자체를 의식한다는 것 자체가 고통이 자연스레 소멸되지 않고 있다는 것을 반증하기도 하는 것이다. 그래서 시인은 아래의 시에서와 같이, 자신의 삶에 끈질기게 달라붙어 있는 실연의 슬픔과 고통의 기억을 잘라버리고 새로운 삶을 살아나가길 희구하게 되는 것이다.

머리와 팔 다리가 떨어진 인형을 꿰맨다
너덜너덜해진 옷을 벗기니
끊어진 관절 구석구석 고름처럼 밀려 나오는 솜뭉치
나 혼자 너를 사랑하는 슬픔 덩어리 같아
가위를 들고 바싹 잘라 버린다
피도 없이 몇 개의 기억이 지워진다
미안한 마음에 한 겹 종이처럼 구겨진 가슴의
까칠한 바늘자리를 더듬어
다시 봄날을 보낼 수 있는 심장을 달아 준다
뾰족한 통증이 핏줄처럼 뻗어 나가 몸을 덥힌다

이제 울지 마라 울지 말자
지금은 나도 잊었고 너도 잊었지만
머리카락이 바늘땀처럼 가지런했던 한때
사랑이란 그런 시절의 분홍 리본 같은 것인지도 몰라, 중얼거리며
조그만 떨림에도 실밥이 터져 버리는 나의
말똥말똥한 눈알과 꽃밭 같은 그곳과
끝내 헐떡거리는 불안을 곱걸어 박는다
철사 줄로 촘촘 나를 꿰맨다
-「바느질하는 여자」전문

위의 시에서 시인은 현재의 자신을 "머리와 팔다리가 떨어진 인형"으로 규정한다. 「취미」에서 읽은 바 있듯이 당신은 '나'를 인형 취급했던 것, 당신의 사랑 없는 '인형놀이'에 의해 고통을 겪어야 했던 '나'는 이제 "너덜너덜해진" 존재가 되어버렸다는 것이다. "나 혼자 너를 사랑하는 슬픔 덩어리"였던 '나'의 "끊어진 관절 구석구석"에서는 그 슬픔의 "솜뭉치"가 "고름처럼 밀려 나"온다. 하여, 시인은 고통으로부터 벗어나고자 자신을 수선하여 새로운 삶을 살고자 한다. 그는 그 '고름 뭉치들'을 "가위를 들고 바싹 잘라" "몇 개의 기억"을 지워버리고 "다시 봄날을 보낼 수 있는 심장을 달아"주기도 한다. 그러나 그 수술은 "조그만 떨림에도 실밥이 터져버리는" 것이어서 매끄럽게 진행될 수 없었고, 그래서 시인은 "끝내 헐떡거리는 불안을 곱걸어 박"고는 "철사 줄로 촘촘 나를

꿰"메기에 이르는 것이다. 결국 그 수술은 자기학대와 자폐로 나아갈 뿐인 것, 이러한 방식으로는 그를 가두는 슬픔의 감옥에서 해방되어 "다시 봄날을 보낼 수 있는 심장"을 새로이 가질 수는 없을 터였다. 사실 옛 봄날을 다시 만끽할 수 있는 심장을 새로이 가진다는 것은 불가능한 일이었다. 시간의 흐름은 되살릴 수 없기 때문이다. 슬픔으로부터의 해방은 삶에 대한 이전과는 다른 인식과 욕망을 통해 이루어질 수 있는 일이었던 것이다.

3

이운진 시인의 인식 전환은 "당신의 마음에 대해서 더 궁금한 날에도 수국은"(「수국이 필 무렵」) 핀다는 사실을 발견하면서 이루어지기 시작한다. 당신에 대한 그리움이나 사랑의 상실로 인한 슬픔보다 더 오래 지속되는 무엇이 있다는 발견. 슬픔과 그리움으로 힘들어하는 시간에도 여전히 수국은 열심히 자신을 피워낸다. 슬픔을 넘어서 지속되는 수국의 개화. 나아가 시인은 그 피어남이 저절로 되는 것이 아니라 열렬한 긴장 속에서 이루어지는 사건이라는 점도 깨닫는다. "삼백년 된 백일홍나무가 꽃을 피우는 일은 그저/삼백 년쯤 된 습관이겠거니/짐작했지만/꽃을 만드느라 뒤채던 밤이 삼백 년"이었던 것, 시인에 따르면 백일홍은 "삼백 년째 백 일 동안"(「백일홍처럼 오래오래」)의 두근거림 속에서 꽃을 맺었던 것이다.

그렇기에 시인은 자신은 기껏 "서른 몇 날의 그리움을 걱정"한 것이었으니, "백일홍나무의 몸속에 잠든/삼백 년 된 별을"(같은 시) 알아볼 수 없었다고 반성한다. 하여, 시인의 슬픔을 넘어서는 무엇이 있다는 것을 깨닫게 된 시인은, 그의 시작(詩作) 방향을 슬픔의 서정적인 토로나 사랑이 이루어질 수 있었던 봄날로의 회귀에 대한 희구로부터 슬픔을 넘어설 수 있는 어떤 존재에 대한 발견 쪽으로 돌리게 될 것이다. '백일홍'의 몸속에 잠들어 있는 삼백 년 된 어떤 별이 그러한 존재 중의 하나일 터, 아래의 시의 경우에는 "햇살 속에 더 환한 햇살"이 그러한 존재이다.

그 이야기를 하려면 너무 슬퍼서
햇살이 이럴 땐 꼭, 이라고만 했어

햇살이 이럴 땐
사막의 나무들은 잎을 말아 이슬을 모으고
시실리의 어린 처녀들은 포도를 밟아 술을 빚을 거라고

이슬이 가득 모이면 새가 날아와 목을 적시고
붉은 술이 익으면 축제의 밤이 시작되고

저녁이면 꽃잎을 닫는 꽃들도
햇살이 이럴 땐
빈 여름 침실처럼 활짝 열려 있을 거라고

한 남자가 평생을 바라본 풍경과
한 여자가 일생을 바라본 뒷모습이
사랑이 아니었어도

햇살이 이럴 땐
손바닥 위에라도 마음을 내놓을 거야

햇살 속에 더 환한 햇살이 있어서
슬픔이 나를 다 가질 순 없는 거니까
-「햇살이 이럴 땐」 전문

  슬픔에 젖어 있는 사람도 "슬픔이 나를 다 가질 순 없는" 어떤 순간을 맞닥뜨릴 때가 있다는 것을 위의 시는 보여준다. 그 순간을 시인은 "햇살이 이럴 땐"이라고 모호하게 말하고 있다. 그 햇살이 어떠하다는 것을 정확히 지칭할 순 없을 것이다. 삶을 "빈 여름 침실처럼 활짝" 열게 하는 그 햇살은 신비의 순간을 통해 나타나는 것이기 때문이다. 어떤 순간을 여는 그 신비한 햇살의 실체에 대해서는 뭐라고 말할 수 없고, 다만 햇살이 만들어내는 상황을 통해서만 그 존재의 성격을 짐작할 수 있다. "사막의 나무들은 잎을 말아 이슬을 모으고/시실리의 어린 처녀들은 포도를 밟아 술을 빚"게 할, "햇살이 이럴" 때의 순간. 다시 말하면, "햇살 속에" 존재하는 "더 환한 햇살"이 자신을 드러내는 "햇살이 이럴" 때의 순간에는, 뭇 존재들의 열림이 이루어지는 사건이 일어난다. 존재들이 자신을 활짝 개방하는 바로 이때, 시인 역시 자신의 가슴 속에 유폐시켰던 마음을 "손바닥 위에라도" 내놓을 의지가 생긴다. 하여, "한 여자가 일생을 바라본 뒷모습"은 "사랑이 아니었어도" 이제 슬픈 표정만을 하고 있지 않다.

"햇살 속에 더 환한 햇살"과 같은 어떤 신비한 존재의 현현은 시인이 슬픔을 넘어설 수 있는 삶의 힘을 발견하도록 이끈다. 「옆에 산다는 것」은, 그러한 힘이 제목 그대로 '옆에 산다는 것' 자체에서 생성되기도 한다는 깨달음을 진술하고 있다. "이삿짐을 싸다가 수세미가 자라던 화분을 넘어"뜨린 시인은 그 수세미를 아파트 화단 나무 곁에 심어준다. 그 과정에서 시인은 "마치 고해성사를 하듯 나무마다 찾아다니며 밑동을 만져" 보는데, "나무에게도 눈물 같은 것이 있어서/손을 대면 뿌리의 체온이 전해"진다는 것을 깨닫게 된다. 우리가 무심코 지나치던 존재들 모두 어떤 사연이 있어서 슬픔을 머금고 있으며, 체온을 지니고 있다는 것을 그는 깨달은 것이다. 그런데 이 나무 곁에 수세미를 심어주자 "나무와 수세미의 그림자는 이미 하나"가 되는 일이 일어나는 것을 시인은 발견하게 되는 것이다. 이에 시인은 먼 곳에 있는 '당신' 역시 "실로 우연히 라도" 시인 자신의 그림자와 포개어질 수 있다는 가능성을 생각하게 될 것이다. 그러한 가능성은 "당신이 보낸 대숲의 소식을 받는 순간"에 떠올린 것으로, 이때

"내 안에 당신이라는 심장이 생기는" 조짐을 시인은 느낄 수 있었던 것이다. 그런데 누군가의 옆에 살기 위해서는, 그 누군가가 나의 옆에 살 수 있도록 자리를 비워줘야 한다. 아래와 같이 자신의 존재 전체로 내리는 눈을 받아내는 '빈 항아리'는 그러한 비움을 전형적으로 실천하는 존재라고 할 것이다.

  빈 항아리에 눈이 내린다
  저녁을 굶은 아이와 젖이 마른 엄마가 부둥켜안은 것처럼 둥근
  새벽에 울려 퍼지는 수도원의 종소리처럼 둥근
  항아리에 눈이 내린다
  운명이 없는 눈송이들이 항아리에 담긴다
  가장 멀리서 가장 깨끗하게 온 것들을 담아
  어떻게 이토록 자기의 가슴을 슬프게 만들 수 있는지
  빈항아리는 차곡차곡 눈을 쌓는다
  슬픔을 발효시키려면 따뜻하고 부드러운 공간이 필요하다는 듯
  둥근 자세를 바꾸지 않고
  모든 기도를 다 드린 마음처럼 둥글게
  항아리는 비어 있다
  -「빈 항아리」 전문

결국 사라질 것이기에 "운명이 없는 눈"을 조건 없이 받아주고 있는 '빈 항아리'는, "저녁을 굶은 아이와 젖

이 마른 엄마가 부둥켜안은 것처럼 둥근" 존재다. 그 항아리는 비록 텅 비어 있어서 아무 것도 갖지 못한 가난한 존재이지만, 바로 그렇기에 "가장 멀리서 가장 깨끗하게 온" 눈과 같이 이 지상에서 갈길 잃은 슬픈 이들을 엄마처럼 품어줄 수 있다. 그래서 그 항아리는 "둥근" "수도원의 종소리처럼" 구원의 이미지를 지닌다. 슬프게도 곧 사라져야 할 눈송이들은 그 빈 항아리의 포근한 품속에서 순한 마음으로 이 세상을 떠나게 될 것이기 때문이다. 그러나 다른 한편으로, 그렇기에 항아리는 "자기의 가슴을 슬프게 만들"게 될 것인데, 하지만 슬픔으로 채워질 그 항아리는 "슬픔을 발효시키려면 따듯하고 부드러운 공간이 필요하다는 듯/둥근 자세를 바꾸지 않고" "둥글게/비어 있"는 모습을 바꾸지 않는다.

항아리는 자신을 그렇게 비움으로 해서 떠도는 눈과 일시적으로라도 함께 살 수 있었다. 그런데 이러한 비움의 삶은「꽃을 기다리며」의 한 구절처럼 "아름다움을 욕망하지 않는 삶"이기도 할 것이다. 그 시에서 시인은 이사 와서 꽃밭을 만들고 "채송화와 사루비아 꽃씨를 묻어 놓"는다. 하지만 시간이 지나도 "꽃밭은 가파른 적막만을 지키고 있"는 것을 보고는 "봄날의 형식을 거부"하고 "아름다움을 욕망하지 않는 삶"이 존재한다는 깨달음을 얻는다. 이러한 깨달음 덕분으로, 그는 "더 이상 꽃 피지 않는" 자신의 "물큰한 몸"도 더 이상 슬퍼하지 않을 수 있게 될 것이다. 아름다움에 대한 욕망은 삶을 슬픔으로 밀어 넣을

터, 그가 "스스로 선택했을 저 씨앗의 고요 앞에서" "물 큰한 몸을 안으로 닫아걸고 조용히 합장하"는 것은 그 욕망으로부터 해탈하고자 하는 몸짓이다. 시인에 따르면, 그 아름다움에의 욕망에 이끌려 "꽃이름 따위를 말하느라 입을 벌리는 순간/삶의 허공을 깨무는 일"이 "정말 위험한"(「바꿀 수 없는 버릇」) 일이다. 하여 꽃의 아름다움에의 욕망을 비워 자신을 둥글게 만들고, 그 둥근 공간에 타인이 살 수 있도록 만드는 삶이 시인이 가고자 하는 삶이 될 테다. 그 삶은 아래의 시에 등장하는 '야윈 새'처럼 '순순함'으로 빛나는 삶이기도 하다.

죽은 새를 보았다
죽은 새 곁을 지키는 야윈 새를 보았다
바람과 햇살이 새의 장례를 치르는 동안 내내 바라보았다

다른 어떤 것도 아니고
그 누구의 것도 아닌
새 한 마리의 애인이었던 새 한 마리가
꽃 한 송이 놓지 않고
조용히 작별하는 모습을 지켜주었다

새의 슬픔이 아무리 커도
계절을 멈추게 할 수는 없고
열매가 떨어진다면
그건 바람 때문이라는 게

이별보다 더 억울했지만

이 세상에서
백 년을 살고 난 사람에게나 있을 법한 순순함으로
죽은 새가 두고 간 것들을 챙기는
새 한 마리를 위해
첫 저녁별이 돋는 때
우주에서는 무슨 일인가 꼭 일어났으면 싶었다
-「비둘기 애인」전문

  슬프면서도 아름다운 장면을 보여주는 시다. '야윈 새'는 비록 "꽃 한 송이 놓지 않"지만, 그 새의 "애인"이었을 "죽은 새 곁을" 떠나지 않고 그 새가 이승과 "조용히 작별하는 모습을 지켜" 준다. 아마 저 '야윈 새'는 슬픔으로 억장이 무너지고 있을 것이다. 또한 "바람 때문"에 사랑의 열매가 떨어져야 했다는 것이 "이별보다 더 억울했"을 것이다. 하지만 그 새는 자신의 슬픔과 통한이 "계절을 멈추게 할 수 없"다는 것을 잘 알고 있다. "죽은 새가 두고 간 것들을" 조용히 챙기고 있는 것을 보면 그렇다. 그 새는 슬픔과 억울함을 묻고 저 "백 년을 살고 난 사람에게나 있을 법한 순순함"의 모습을 보인다. 그러나 이 때 그 새는 하늘에 돋는 '첫 저녁별'로 빛나는 것이다. 이 저녁별의 은은한 빛은 꽃과 같은 아름다움을 보이진 않을 것이다. 하지만 저녁별빛으로 빛나는 '야윈 새'는 어둠 속 저 하늘 위에 떠서 시인이 살아갈 길을 비추기 시작한다. 나아가 시인은 저 '야윈 새-별'로부터 "우주에서는 무슨 일인가 꼭 일어났으면 싶"은 희구를 마음에 품게 되는 것이다.

4

이 시집 마지막에 실린 아래의 「별의 부음을 받다」에서 볼 수 있듯이, 이젠 "더 이상 궁금한 것"도 없어져버린 시인이 마지막으로 바라고 있는 것은 "무슨 일인가 꼭 일어났으면 싶"(「비둘기 애인」)은 밤하늘의 별빛 사이에서 길을 잃어보는 일이다. 그 '무한'해 보이는 밤하늘은 시인의 "목숨 하나쯤은 거뜬히 받아줄" 것 같기도 해서 그는 그러한 희원을 품어보는 것인데, 별은 그의 희원에 대해 어떠한 대답도 해주지 않는다. 다만 별은 시인의 희원처럼 무슨 일을 일으키는 것이 아니라 스스로 추락하는 모습을 보여줄 뿐이다.

  불혹을 넘고 나니 더 이상 궁금한 것이 없다고
  이미 너무 둥글어졌다고
  수천 살 수억 살 먹은 별들에게 말을 하고

  목숨 하나쯤은 거뜬히 받아 줄 밤하늘에서
  마지막 길을 잃었으면
  우주의 먼 구석인 허공에게 말을 하다가

신의 정원에서 홀로 피었다 지는 풀꽃처럼
소박한 이름으로 사는 하소연을
제일 빛나는 별빛에게 하려던 중이었는데,

그 큰 별은
무한의 너머로 가지 않고
이 지상의 어둠 속으로
아무도 모르게 조용히 떨어지고 있었다

나는 가장 현명한 슬픔 하나를 이해하는 중이다
- 「별의 부음을 받다」 전문

"홀로 피었다지는 풀꽃처럼/소박한 이름으로" 살고 있는 시인은 "제일 빛나는 별빛"에게 앞에서 언급한 자신의 마지막 희원을 부탁하려고 한다. 하지만 "무한의 너머로" 갈 것 같았던 그 별은, 대답 대신에 "이 지상의 어둠 속으로/아무도 모르게 조용히 떨어지고 있"는 것이었다. 시인이 따르고자 하던 별빛마저도 시인에게 갈 길을 비추는 것이 아니라 시시포스의 바위처럼 아래로 떨어진다. 하지만 저 별의 '부음'에서, 시집의 마지막에 다다른 시인은 절망이나 슬픔에 다시금 빠지지 않는다. 저 별은 '야윈 새'의 순순함으로 빛나던 것 아니었던가. 시인은 저 떨어지는 별로부터 절망이 아니라 "가장 현명한 슬픔 하나를 이해하"게 되는 것이다. 그는 저 별이 보여주고 있듯이 "무한의 너머로"의 비월(飛越)이 존재하지 않는다는 것을, 시시포스의 삶을 살 수밖에 없다는 그 "현명한 슬픔"을 받아들여야 한다는 것을 이제 이해한다. 그리고 그러한 이해 덕분으로, 그는 자기 자신의 지난 삶을 다시 해석하고 긍정할 수 있게 되는 것이다. 이에 시인은 자신을 다음과 같이 '북극 여행자'로 호명한다.

늘 그래왔듯이
몇 개의 강과 몇 개의 구름으로는 나를 달랠 수가 없었어

한 계절 한 계절씩
다른 옷을 갈아입는 일로는 나를 바꿀 수 없었어

눈을 감으면 멀리서
작은 짐승이 혼자 눈을 밟고 가는 소리

보름달이 뜨면
길 잃은 늑대의 휘파람 소리
사람의 말을 배우지 않은 북쪽 숲의 바람 소리가 나를 불러서

새들의 하늘 지도를 빌려
열흘 낮 열흘 밤
이미 그곳에 있는 나에게로 갔어

나는 혼자일 때 가장 덜 외로웠으니
나는 사랑이라는 발음이 아주 서툴렀으니

광활한 얼음벌판에서
풋사과 빛 오로라처럼 너울거리고 싶었어

별에서 슬픔이 날아와 내게 안길 때
무엇에서 시작되든 슬픔으로 끝나는 나의 시를
다시는 고치러 돌아가지 않기로 했어

내가 반성할 것이라고는 슬픔뿐이고
그 슬픔마저 없으면 나는 정말 혼자가 될 테니까

그리고 기억이 나를 조금씩 속여 줄 거야
-「북극 여행자」 전문

 위의 시에서 시인은 지금까지 살아오면서 가졌던 자신의 열망이 무엇이었는지 돌아보고 있다. 그 열망은 "몇 개의 강과 몇 개의 구름으로는" 달랠 수가 없는 것이었는데, 이는 계절마다 "다른 옷을 갈아입는 일로 나를 바꿀 수 없었"기 때문이리라. 그의 열망을 이끄는 것은 "작은 짐승이 혼자 눈을 밟고 가는 소리"나 "보름달이 뜨면/길 잃은 늑대의 휘파람 소리"로 들려오는 "북쪽 숲의 바람소리"였다. 시인은 그 소리에 이끌려 "열흘 낮 열흘 밤/이미 그곳에 있는 나에게로 갔"던 것이다. 이를 통해 "광활한 얼음 벌판에서/풋사과 빛 오로라처럼 너울거리고 싶"었던 그의 열망은, 그러나 실현될 수 없는 것이었으리라.

앞서 보았듯이, "제일 빛나는 별빛"(「별의 부음을 받다」) 마저도 그러한 무한에로의 비월은 불가능하다는 것을 알려주지 않았던가. 그래서 "별에서 슬픔이 날아와 내게 안"기게 될 터, 하지만 시인은 슬픔으로부터 해방되는 것이 문제가 아니라는 것을 이해하고 있다. '빈 항아리'가 슬픔을 받아 안아 그 슬픔을 발효시켰듯이 슬픔의 삶을 품고 긍정해야 한다는 것을 그는 이해하고 있다.

그리하여 그는 시시포스의 슬픈 삶을 살아야 하리라는 점술사의 예언을 긍정하게 되는 것, 그래서 그는 "무엇에서 시작되든 슬픔으로 끝나는 나의 시를/다시는 고치러 돌아가지 않기로" 다짐한다. "사랑이라는 발음이 아주 서툴렀"던 그에게 "반성할 것이라고는 슬픔뿐"일만큼 슬픔만이 그의 삶과 함께 해 왔기에, "그 슬픔마저 없으면 나는 정말 혼자가 될" 것이기에 그렇다. 생의 동반자인 슬픔을 긍정하고 삶의 운명으로 받아들이는 것, 그것이 고독한 '북극 여행자'의 삶임을 그는 이해한다. 하여, 그는 자신을 '북극 여행자'라고 자기 호명한다. '북극 여행자'란 시시포스가 떨어질 바위를 굴리듯이, 북쪽 숲에 있는 또 다른 '나'와의 만남을 갈망하면서 "새들의 하늘 지도를 빌려" 언제나 다시 추락할 여행을 슬프게 행하는 자다. 위의 시에서 시인은 그러한 '북극 여행자'의 슬픈 삶을 계속 살아갈 것임을 다짐하고 있는 것이다.

타로 카드를 그리는 밤
ⓒ이운진 2023

개정판 1쇄 발행 2023년 8월 18일
개정판 2쇄 발행 2025년 11월 30일

지은이 이운진
디자인/편집 HDesign
제작 ㈜공간코퍼레이션
펴낸곳 소월책방
펴낸이 이운진
등록번호 제2022-000063호
주소 06001 서울 강남구 압구정로 151, 126-801
전자우편 sowolbooks@naver.com
ISBN 979-11-980447-2-3 03810

* 책값은 뒤표지에 있습니다.
* 잘못 만든 책은 서점에서 교환해 드립니다.
* 이 도서의 전부 또는 일부 내용을 재사용하려면 반드시 저작권자의 사전 동의를 받아야 합니다.
* 이 도서의 국립중앙도서관 출판예정도서목록(CIP)은 서지정보유통지원시스템 홈페이지(http://seoji.nl.go.kr)와 국가자료공동목록시스템(http://www.nl.go.kr/kolisnet)에서 이용하실 수 있습니다.